W0472266

Nés en

1974

Le livre de ma jeunesse

Tous les souvenirs de mon enfance et de mon adolescence

à Marilù et Popeline

Les auteurs tiennent à remercier Isabelle Lerein, Carola Strang, Christophe Salet, Marjorie Goussu, Mathilde Delattre-Josse et toute l'équipe des Éditions Hors Collection, Lætitia Matusik, Morgaine Nielsen et Jeanne Ollivier, sans lesquels cet ouvrage n'aurait pu voir le jour.

© 2013, Éditions Hors Collection
Tous droits réservés pour tous pays.

ISBN 978-2-258-10424-2
Numéro d'éditeur : 1337

Conception graphique :
Mathilde Delattre-Josse
mathildedelattre@wanadoo.fr

Achevé d'imprimer en Italie par Zanardi.
Dépôt légal : septembre 2013

Retrouvez-nous sur Internet : www.horscollection.fr
et www.facebook.com/HorsCollection

Hors Collection | un département **place des éditeurs**

place des éditeurs

Nés en
1974

Le livre de ma jeunesse

Tous les souvenirs de mon enfance et de mon adolescence

Armelle Leroy • Laurent Chollet

HORS }{ COLLECTION

almanach des P.T.T. 1974

JANVIER

M	1	**Jour de l'an**
M	2	s Basile
J	3	sᵉ Geneviève
V	4	s Odilon
S	5	s Édouard
D	6	**Épiphanie**
L	7	s Raymond
M	8	s Lucien
M	9	sᵉ Alix
J	10	s Guillaume
V	11	s Paulin
S	12	sᵉ Tatiana
D	13	**Bapt. Christ**
L	14	sᵉ Nina
M	15	s Remi
M	16	s Marcel
J	17	sᵉ Roseline
V	18	sᵉ Prisca
S	19	s Marius
D	20	s Sébastien
L	21	sᵉ Agnès
M	22	s Vincent
M	23	s Barnard
J	24	s François S.
V	25	Conv. s Paul
S	26	sᵉ Paule
D	27	sᵉ Angèle
L	28	s Thomas A.
M	29	s Gildas
M	30	sᵉ Martine
J	31	sᵉ Marcelle

FÉVRIER

V	1	sᵉ Ella
S	2	**Présentat.**
D	3	s Blaise
L	4	sᵉ Véronique
M	5	sᵉ Agathe
M	6	s Gaston
J	7	sᵉ Eugénie
V	8	sᵉ Jacqueline
S	9	sᵉ Apolline
D	10	s Arnaud
L	11	N.-D. Lourd.
M	12	s Félix
M	13	sᵉ Béatrice
J	14	s Valentin
V	15	s Claude
S	16	sᵉ Julienne
D	17	s Alexis
L	18	sᵉ Bernadette
M	19	s Gabin
M	20	sᵉ Aimée
J	21	s P. Damien
V	22	sᵉ Isabelle
S	23	s Lazare
D	24	s Modeste
L	25	s Roméo
M	26	**Mardi gras**
M	27	**Cendres**
J	28	s Romain

N. or 18, C. s. 23. É. 6.
Let. dom. F. Ind. r. 12.

FIDÉLITÉ

Photo-coul. **Léo Aarons et Cⁱᵉ Paris**

MARS

V	1	s Aubin
S	2	s Ch. le Bon
D	3	**Carême**
L	4	s Casimir
M	5	sᵉ Olive
M	6	sᵉ Colette QT
J	7	sᵉ Félicité
V	8	s Jean de D. a
S	9	sᵉ Françoise
D	10	s Vivien
L	11	sᵉ Rosine
M	12	sᵉ Justine
M	13	s Rodrigue
J	14	sᵉ Mathilde
V	15	sᵉ Louise M. a
S	16	sᵉ Bénédicte
D	17	s Patrice
L	18	s Cyrille
M	19	s Joseph
M	20	s Herbert
J	21	**Mi-carême**
V	22	sᵉ Léa a
S	23	s Victorien
D	24	sᵉ Cather. S.
L	25	**Annonciat.**
M	26	sᵉ Larissa
M	27	s Habib
J	28	s Gontran
V	29	sᵉ Gladys a
S	30	s Amédée
D	31	s Benjamin

AVRIL

L	1	s Hugues
M	2	sᵉ Sandrine
M	3	s Richard
J	4	s Isidore
V	5	sᵉ Irène a
S	6	s Marcellin
D	7	**Rameaux**
L	8	sᵉ Julie
M	9	s Gautier
M	10	s Fulbert
J	11	s Stanislas
V	12	s Jules j a
S	13	sᵉ Ida
D	14	**PAQUES**
L	15	s Paterne
M	16	s Ben.-J. L.
M	17	s Étien. H.
J	18	s Parfait
V	19	sᵉ Emma
S	20	sᵉ Odette
D	21	s Anselme
L	22	s Alexand.
M	23	s Georges
M	24	s Fidèle
J	25	s Marc
V	26	sᵉ Alida
S	27	sᵉ Zita
D	28	**Sʳ Déportés**
L	29	sᵉ Cath. Si.
M	30	s Robert

Printemps. 21 Mars

MAI

M	1	**Fête du Trav.**
J	2	s Boris
V	3	ss Philip./Jac.
S	4	s Sylvain
D	5	sᵉ Judith
L	6	sᵉ Prudence
M	7	sᵉ Gisèle
M	8	**Vict. 1945**
J	9	s Pacôme
V	10	sᵉ Solange
S	11	sᵉ Estelle
D	12	**Fête J. d'Arc**
L	13	sᵉ Rolande
M	14	s Matthias
M	15	sᵉ Denise
J	16	s Honoré
V	17	s Pascal
S	18	s Éric
D	19	s Yves
L	20	s Bernardin
M	21	s Const.
M	22	s Émile
J	23	**ASCENSION**
V	24	s Donatien
S	25	sᵉ Sophie
D	26	**F. des Mères**
L	27	s Aug. Can.
M	28	s Germain
M	29	s Aymar
J	30	s Ferdinand
V	31	**Visitation**

JUIN

S	1	s Justin
D	2	**PENTECOTE**
L	3	s Kévin
M	4	sᵉ Clotilde QT
M	5	s Igor
J	6	s Norbert
V	7	s Gilbert
S	8	s Médard
D	9	sᵉ Diane
L	10	s Landry
M	11	s Barnabé
M	12	s Guy
J	13	s Ant. de P.
V	14	s Élisée
S	15	sᵉ Germ.
D	16	**F. des Pères**
L	17	s Hervé
M	18	s Léonce
M	19	s Romuald
J	20	s Silvère
V	21	**S.-Cœur**
S	22	s Alban
D	23	sᵉ Audrey
L	24	s Jean-Bapt.
M	25	s Prosper
M	26	s Anthelme
J	27	s Fernand
V	28	s Irénée
S	29	ss Pierre/Paul
D	30	s Martial

Été, 21 Juin

éclipses

Partielle de lune, 4 juin, visible à Paris.
Totale de soleil, 20 juin, invisible à Paris.
Totale de lune, 29 novembre, invisible à Paris.
Partielle de soleil, 13 décembre, invisible à Paris.

saisons

PRINTEMPS
21 Mars à 0 h 7

ÉTÉ
21 Juin à 18 h 38

AUTOMNE
23 Septembre à 9 h 58

HIVER
22 Décembre à 5 h 56

Calendriers OLLER — Puteaux.

SOMMAIRE

1974 Les grands événements

15 FÉVRIER :
Coluche présente, sur la scène de l'Olympia, son premier one-man-show, *Mes adieux au music-hall*, pour lequel il porte pour la première fois sa célèbre salopette à rayures bleues.

3 MARS :
Le vol 981 de Turkish Airlines, parti d'Orly à destination de Londres, s'écrase dans la forêt d'Ermenonville, à proximité de Senlis, faisant 346 morts.

MARS 1974 :
Des agriculteurs chinois mettent au jour les fosses du mausolée de l'empereur Quin (IIIe siècle av. J.-C.), révélant une armée de terre cuite composée de 8 000 soldats, âgés de près de 2 200 ans.

6 AVRIL :
Le groupe ABBA, qui représente la Suède au concours de l'Eurovision, remporte la compétition avec la chanson « Waterloo ».

19 MAI :
Valéry Giscard d'Estaing remporte les élections présidentielles en battant François Mitterrand. Il devient, à 48 ans, le plus jeune des présidents de la République.

25 AVRIL :
De jeunes officiers de l'armée portugaise se soulèvent pacifiquement contre la dictature de Salazar et mettent en place la démocratie. Le peuple soutient ce coup d'État en offrant des œillets aux militaires, dont ils ornent leurs fusils.

16 JUIN :
Le joueur de tennis Bjorn Börg, âgé de tout juste 18 ans, remporte Roland-Garros face à Manuel Orantes. Il restera jusqu'en 1989 le plus jeune vainqueur du tournoi.

26 JUIN :
Emmanuelle, le célèbre film érotique avec Sylvia Krystel dans le rôle-titre, sort en salle. Malgré ou grâce au scandale, il restera à l'affiche plus de dix ans.

5 JUILLET :
L'âge de la majorité civile et celui du droit de vote sont abaissés de 21 à 18 ans.

8 JUILLET :
Après 377 traversées transatlantiques, le paquebot *France* retourne au Havre pour être désarmé. Il restera amarré quatre ans et demi au « quai de l'oubli » avant son démantèlement.

8 AOÛT : :
Impliqué dans l'affaire du Watergate, le président des États-Unis Richard Nixon annonce sa démission.

DAILY NEWS
15¢
NIXON RESIGNS
Acts in 'Interest of Nation,' Asks for End to Bitterness
Ford Will Take Oath at Noon, Kissinger Agrees to Stay On
Special 8-Page Pullout; Stories Start on Page 2

16 AOÛT :
Quelques mois après l'annexion de Chypre par la Grèce, un cessez-le-feu est signé. L'île reste toutefois divisée par la ligne verte qui la coupe d'est en ouest.

15 SEPTEMBRE :
Une grenade explose dans le Drugstore Publicis de Saint-Germain, à Paris. Le terroriste Carlos revendique cet attentat qui fait 2 morts et 34 blessés.

30 OCTOBRE :
Au court d'un combat organisé à Kinshasa, surnommé « Le combat dans la jungle », Mohamed Ali bat le Champion du monde en titre George Foreman et redevient Champion du monde.

20 DÉCEMBRE :
La loi autorisant l'interruption volontaire de grossesse (avortement ou IVG), défendue par Simone Veil, est adoptée par l'Assemblée nationale.

Ils sont nés en… 1974

16/01/1974
KATE MOSS
mannequin britannique

13/02/1974
ROBBIE WILLIAMS
chanteur britannique

20/02/1974
OPHÉLIE WINTER
chanteuse et comédienne française

22/02/1974
JAMES BLUNT
chanteur britannique

26/02/1974
SÉBASTIEN LOEB
pilote de rallye français

18/04/1974
OLIVIER BESANCENOT
homme politique français

28/04/1974
PENÉLOPE CRUZ
actrice espagnole

29/04/1974
ANGGUN
chanteuse indonésienne francophone

10/05/1974
SYLVAIN WILTORD
footballeur français

11/05/1974
BENOÎT MAGIMEL
acteur français

16/05/1974
LAURA PAUSINI
chanteuse italienne

28/05/1974
ROMAIN DURIS
acteur français

01/06/1974
ALANIS MORISSETTE
chanteuse canadienne

06/06/1974
GUILLAUME MUSSO
écrivain français

16/06/1974
ALEXANDRE ASTIER
réalisateur, scénariste et comédien français

07/07/1974
DOC GYNECO
chanteur de rap français

14/08/1974
TOMER SISLEY
acteur et humoriste

29/08/1974
MOOS
chanteur de R'n'B' français

09/10/1974
YANN BARTHÈS
journaliste télé français

09/11/1974
ALESSANDRO DEL PIERO
footballeur italien

11/11/1974
LEONARDO DICAPRIO
acteur américain

28/11/1974
APL.DE.AP
chanteur américain

03/12/1974
MARIE DRUCKER
journaliste française

18/12/1974
MAZARINE-PINGEOT
écrivain français

Et pour la première fois cette année-là...

Les Playmobil

À l'automne 1974, les enfants allemands découvrent les premiers Playmobil dans leurs magasins de jouets.

La Golf

En mai 1974, pour remplacer la Coccinelle, Volkswagen lance son nouveau modèle : la Golf.

La carte à puce

Roland Moreno dépose, le 8 novembre 1974, le premier brevet de carte à puce.

Le Rubik's Cube

Ernö Rubik, sculpteur et professeur d'architecture hongrois, met au point en 1974 ce casse-tête en forme de cube. Plus de 100 Millions de Rubik's Cube seront vendus dans le monde entre 1980 et 1982.

Hello Kitty

La styliste et illustratrice japonaise Yuko Shimizu crée, en 1974, le personnage d'Hello Kitty, qui devient le symbole du mouvement kawaï (« mignon »).

La Vuvuzela

Un habitant des quartiers pauvres de Johannesburg crée la Vuvuzela. Cet instrument en forme de trompette, qui émet un son très puissant, est rapidement adopté par les supporters d'Afrique du Sud.

Casimir

Le premier épisode de *L'Île aux enfants* est diffusé le 16 septembre 1974, et le gentil dinosaure orange, avec son fameux « gloubi boulga », conquiert le cœur des jeunes téléspectateurs.

Post-it

Art Fry et Spencer Silver combinent une nouvelle colle qu'ils viennent d'inventer avec l'idée de signets repositionnables : le Post-it est né.

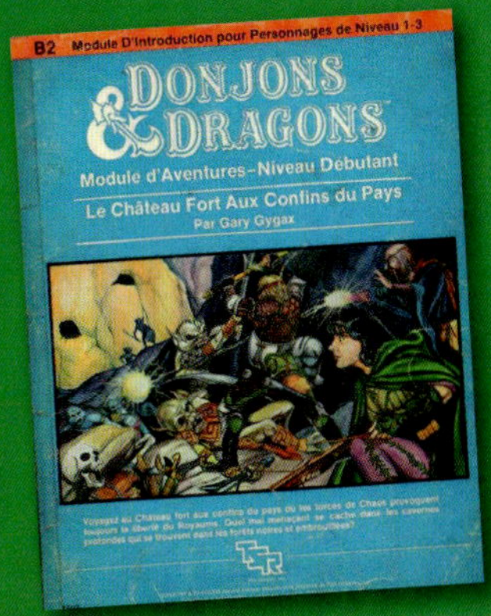

Donjons & Dragons

Donjons et Dragons, le premier jeu de rôles médiéval et fantastique, est commercialisé aux États-Unis en 1974.

LA CHAMBRE D'UN ENFANT

Vu à la télé

Du papier peint aux housses de couette, les héros du petit écran s'invitent dans les chambres d'enfants.

On trouve maintenant dans certaines chambres d'enfants des postes de télévision portatifs aux couleurs flashy ! Si les parents refusent d'en installer un, les héros du petit écran s'imposent sous d'autres formes. Les papiers peints reprennent les personnages des dessins animés : Candy, Remi du manga *Sans famille*, Ulysse 31… Les murs déjà surchargés sont recouverts de posters offerts par des magazines. Les filles ajoutent des photos d'animaux, essentiellement des dauphins et des chevaux. Les garçons optent pour des images de vélo-cross, de motos trial et d'avions. Sur le lit acheté en kit, les mères ont posé une couette : elle remplace les traditionnels draps et couvertures et se pare, elle aussi, de héros ! Chez les fillettes, les parures à l'effigie de la célèbre poupée Barbie sont de mise. Dans la plupart des chambres, trônant à la place d'honneur, se trouve un Kiki, une amusante peluche aux mains et au museau en plastique dur. Les autres jouets se rangent dans des bacs de couleur qui s'empilent les uns sur les autres. Partout traînent des livres qui, malmenés, finissent écornés ou déchirés. Quant au matériel scolaire, personne n'en prend grand soin, il est chaque année entièrement renouvelé.

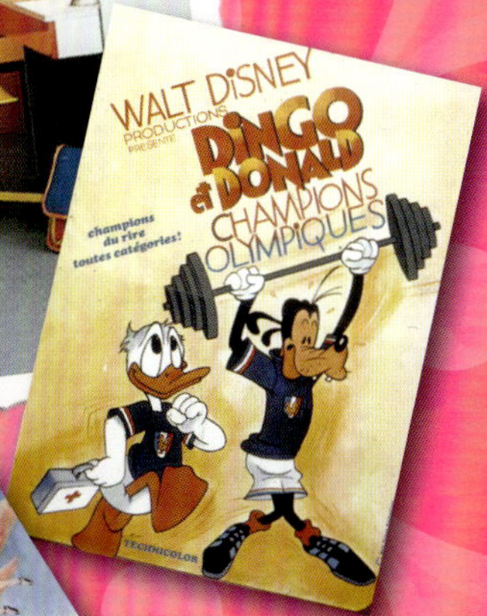

KIKI

Pendant que les autres se partagent un coin obscur dans le coffre à jouets, lui trône fièrement sur le lit, en suçant son pouce. N'est pas Kiki qui veut !

Couleurs vives, meubles aux formes arrondies, papiers peints rigolos : à la fin des années 1970, les chambres d'enfant ont trouvé leurs propres codes.

Centres de gravité

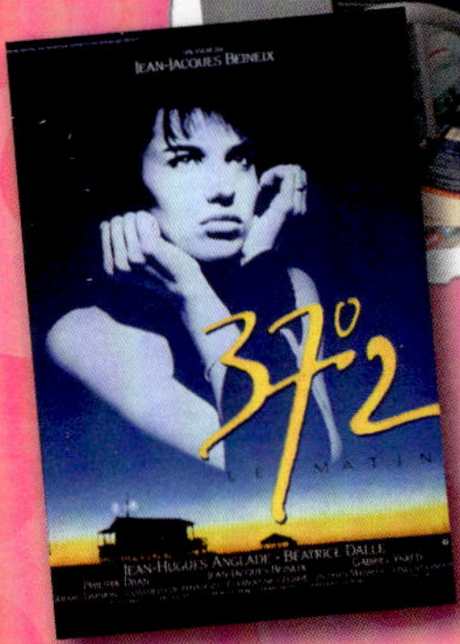

Repliés dans leur chambre et isolés du monde extérieur, les ados cherchent leur équilibre entre leurs deux centres de gravité : la chaîne stéréo et la console de jeu.

Après la prospérité des années 1980, le crack boursier de 1987 et les conséquences indirectes de la guerre du Golfe ont diminué le pouvoir d'achat des Français. Face à la crise, les divorces se multiplient et la vie des adolescents se trouve profondément bouleversée. Très souvent, ils se retrouvent avec deux chambres : une chez leur père et une chez leur mère. Et les parents rivalisent d'attention et de cadeaux pour conserver l'affection de leur enfant. Devant le bureau, un siège à roulettes à la forme ergonomique ressemble à un engin futuriste. Ses roulettes permettent de se propulser à toute vitesse

LA CHAMBRE D'UN ADO

Lorsque les copines débarquent, la chambre à coucher se transforme en salon où l'on cause… essentiellement des garçons.

d'un côté à l'autre de la chambre sans faire l'effort de se lever. Objet de toutes les préoccupations, la console de jeux donne à l'adolescent l'illusion de s'évader dans un monde virtuel. Les filles préfèrent inventer des chorégraphies au son de leur mini-chaîne. Elles affichent sur leurs murs des photos de top models, les nouvelles stars des adolescentes. Les garçons choisissent d'épingler des posters de groupes de rock ou d'actrices sexy. Dans un coin, une chauffeuse en mousse permet d'accueillir à la dernière minute le meilleur ou la meilleure amie.

LA CONSOLE

La console de jeux fournit aux ados un excellent argument pour justifier l'installation d'une télé dans leur chambre…

LA CLASSE D'UN ENFANT

Portes ouvertes

Dans les années 1980, les problèmes sociaux frappent à la porte des écoles et les instituteurs doivent parfois composer avec des situations difficiles.

Les instituteurs et institutrices doivent faire face à toute une série de problèmes auxquels ils n'étaient pas initialement préparés. Dans certains quartiers sensibles des villes et des banlieues, ils se voient obligés de pallier les lacunes éducatives de parents submergés par les soucis. La violence commence à passer la porte de l'école et les enseignants sont même parfois contraints de travailler avec les services sociaux. En milieu rural, les écoles ferment les unes après les autres. On regroupe dans un seul village les enfants de plusieurs localités et une même institutrice fait la classe à des élèves de niveaux différents.

Même les plus petits viennent en cours avec les dernières tenues à la mode. Les vêtements griffés – souvent par les plus grandes marques sportives – coûtent très cher et les inégalités entre les jeunes deviennent de plus en plus frappantes. Au moment de la rentrée scolaire, les nouveautés se multiplient dans les rayons des supermarchés. Les cartables prennent une importance incroyable, c'est le seul accessoire scolaire qui s'offre au regard de tous. Les sacs à l'effigie des héros télévisés comme Candy, Goldorak, Capitaine Flam connaissent un franc succès.

Sac Mickey, agenda Snoopy, cahier La Panthère rose... Les fournitures scolaires se convertissent en accessoires de mode, qui reflètent les goûts et la personnalité de leur propriétaire.

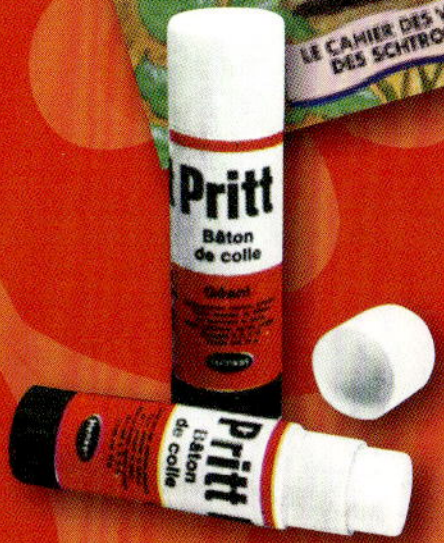

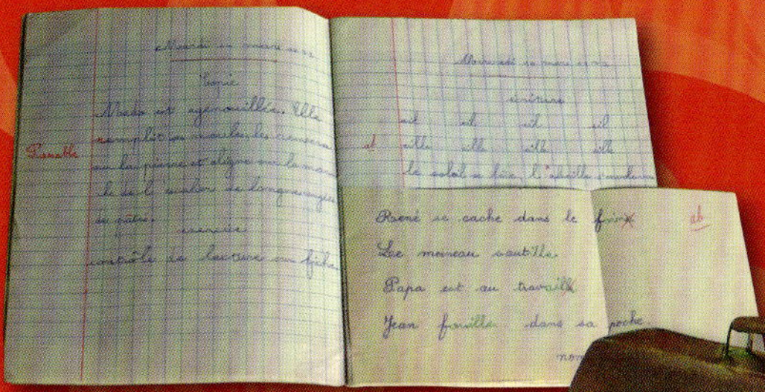

Tous bacheliers !

Le baccalauréat, jadis réservé à quelques-uns, devient un passage obligé pour la majorité.

Tout est mis en place pour permettre à un maximum d'élèves d'accéder aux études supérieures. Au début des années 1990, près de 70 % des jeunes atteignent le niveau du baccalauréat contre 30 % en 1980. Il faut de plus en plus de structures pour accueillir les lycéens et les établissements n'hésitent pas à investir dans du matériel à la pointe de la technologie. Pourtant, certaines catégories d'élèves sont les grands perdants du système scolaire. Il s'agit en partie des jeunes souffrant de situations familiales difficiles et des adolescents issus de l'immigration qui ne trouvent pas leur place dans une société en pleine mutation. Rejetés à 16 ans du lycée, ils se voient condamnés à leur tour

Le nombre croissant de candidats reçus au bac entraîne une augmentation des inscriptions en université. Ici, des jeunes patientent pour s'inscrire à La Sorbonne, en juillet 1987.

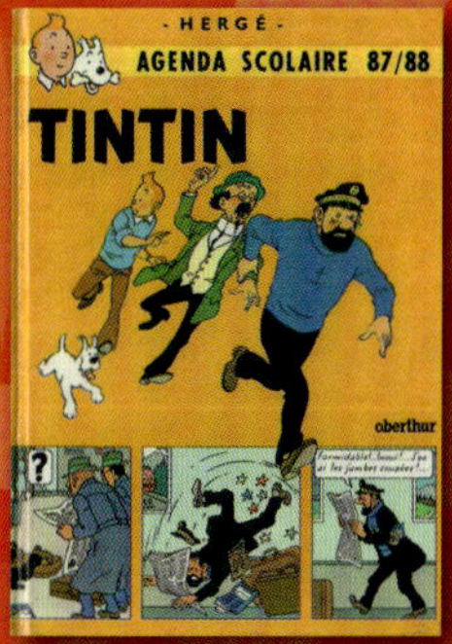

au chômage. Pour pallier de telles situations, en 1985, sont créés les bacs professionnels. Ils permettent de former des jeunes en répondant directement à la demande des entreprises et suivant les divers secteurs d'activités. Les élèves travaillent en alternance, partageant leur emploi du temps entre les cours et la vie en entreprise. Des budgets sont votés pour installer ou même construire ces nouveaux lycées professionnels, bien plus spécialisés que les anciens bâtiments qui accueillaient jusqu'ici les préparations aux huit bacs technologiques.

Avant l'invention du langage SMS, l'orthographe, la conjugaison et la grammaire étaient soumis à certaines règles qu'il valait mieux maîtriser.

LES JOUETS DES FILLES

Les classiques et les autres

Barbie, Playmobil… Au fil des ans, certains jeux s'imposent comme les « incontournables » des coffres à jouets. D'autres, en revanche, ne connaissent qu'un succès fugitif.

Face à l'intérêt de plus en plus visible des filles pour les Playmobil, la marque allemande Geobra Brandstätter décide d'ajouter à sa gamme des personnages féminins avec leurs enfants et leurs bébés dans des poussettes. Le fabricant conçoit une magnifique demeure en pièces détachées à assembler, directement inspirée des maisons de poupées victoriennes du XIXe siècle. Très onéreux, le jouet va devenir le fantasme de toutes les fillettes et s'impose au cours des années comme un classique indémodable. Ce n'est pas le cas des « poupées choux », les fameuses Cabbage Patch Kids de Coleco. Lancées à grand renfort de spots publicitaires à la télévision, elles sont très rapidement en rupture de stock et provoquent des scènes de panique aux portes des supermarchés outre-Atlantique. Mais il ne s'agit que d'un phénomène de mode qui passera très rapidement, contrairement à la poupée Barbie de Mattel.

Les poupées mannequins se déclinent maintenant par thème. Celui des westerns, avec vêtements et chevaux, s'inspire du feuilleton *Dallas*. Mais on trouve également la série Malibu, ses fameux maillots de bain rouges et ses bouées de sauvetage. Quant à la gamme Tropics, elle s'articule autour d'une ravissante Hawaïenne à la chevelure noire interminable. Pour sa part, Ken a pris une place plus importante : il a développé ses muscles et il roule en Corvette argent ou en Ferrari blanche. En 1987, la firme lance California Dream, le rêve américain à la portée de toutes les fillettes du monde.

Vous vous souvenez quand vous racontiez à tout le monde que plus tard, vous seriez majorette professionnelle ? Heureusement qu'on ne fait pas toujours ce qu'on veut dans la vie…

Difficile de ne pas voir la vie en rose quand on s'appelle Barbie…

Les fous du volant

Lorsqu'ils délaissent l'univers calme et souriant de Playmobil, les garçons conduisent des voitures lancées à toute allure qui font des loopings et s'entrechoquent... Terrifiant !

La gamme des Playmobil s'étend de plus en plus : après les séries du départ (les Indiens, les maçons et les chevaliers) apparaissent des boîtes à thèmes qui se déclinent par taille. Cela va de la toute petite contenant seulement un personnage à l'immense dans laquelle on trouve souvent la structure principale du jeu : pour les pirates, il s'agit du bateau ; pour le zoo, les cages et le parc ; pour les esquimaux, les igloos. Sans oublier bien sûr le train qui roule vraiment sur ses rails. Face à ces jouets non violents où même les méchants ont l'air gentil, le marché des petites voitures axe ses produits sur les crashs et les accidents de la route : les Super Sonic Power de chez Kunner, les Demolition Derbies qui se désintègrent

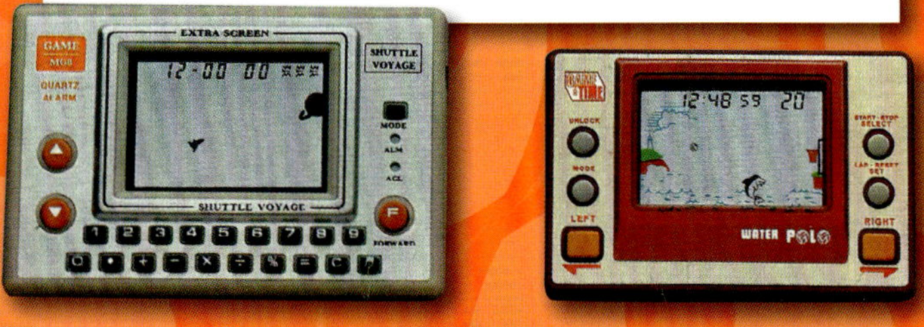

Si vous dites à vos enfants que lorsque vous aviez leur âge, les Game Boy, ça ressemblait à ça, vous risquez d'entendre quelques ricanements.

LES JOUETS DES GARÇONS

entièrement ou encore le parcours de looping Darda Motor conçu pour propulser les véhicules à friction dans le vide.

Les figurines inspirées des dessins animés obtiennent un tel succès que les marques se livrent une authentique guerre. Hasbro décroche un fabuleux contrat pour adapter les personnages de Marvel, et lance les robots Transformers, la série Battle Beat et Visionnaries. La société Kenner crée MASK, des véhicules qui se muent en engin de guerre. Bandaï se positionne avec les très populaires Goldorak, Ulysse 31 et les chevaliers du Zodiaque. Mattel riposte avec Musclor et surtout les figurines du dessin animé *Les Maîtres de l'Univers* qui se vendront à plusieurs millions d'exemplaires dans le monde.

Hourra ! À bord de l'Odysséus, Ulysse, Télémaque et Nono ont enfin trouvé la route galactique qui conduit aux rayons des magasins à jouets de la planète Terre.

LES LOISIRS DES ADOS

Activités sur mesure

Cours de théâtre ou d'équitation, skateboard ou BMX, jeux vidéo… Les ados ont le choix entre toujours plus d'activités pour occuper leur temps libre.

L'émancipation des filles et la mixité se sont étendues à toutes les couches de la société, de nombreux adolescents ont une expérience de la sexualité avant d'être majeurs. Si tous se retrouvent lors des soirées et n'hésitent pas à se promener en couple main dans la main, filles et garçons ont des activités différentes et se mélangent rarement lorsqu'ils les pratiquent. La danse moderne, la GRS (gymnastique rythmique sportive), l'initiation au cirque, le théâtre et surtout l'équitation occupent les loisirs des jeunes filles. Elles s'inscrivent avec leur meilleure amie et adorent participer à des stages pendant les vacances. Les garçons ne s'intéressent plus aux mobylettes, ils se

LE BMX
La dimension spectaculaire du BMX attire de nombreux spectateurs lors des compétitions, comme ici au Palais omnisport de Paris Bercy, en 1984.

passionnent pour une nouvelle génération de vélos, les bicross ou BMX avec lesquels on peut exécuter des figures acrobatiques. Mais le coût élevé de tels engins les rend inaccessibles, les adolescents se rabattent sur les skateboards et surtout les rollers. Chez eux, ils regardent pendant de longues heures la télévision, ils sont surtout fascinés par les consoles de jeux. Beaucoup de familles ont fait l'acquisition d'un micro-ordinateur et les garçons espèrent se faire offrir la NES de Nintendo et le jeu Super Mario Bros.

Lancée en France au tout début des années 1990, la Game Boy va rapidement s'imposer comme la première des consoles de poche.

LA MODE DES ENFANTS

Une mode pour nous

**Qu'il semble loin le temps où les garde-robes des enfants ressemblaient à celles des parents !
Désormais, les « kids » ont droit à leur propre mode.**

Des chaînes de magasins spécialisées dans la mode des juniors se multiplient, des stylistes créent au rythme des saisons des gammes de vêtements sans copier les looks des adultes. Les enfants choisissent eux-mêmes leurs tenues, ils expriment surtout l'envie d'être à l'aise, de pouvoir bouger sans aucune entrave vestimentaire. Les joggings se portent à longueur de journée. Pour les fillettes, il se décline en rose ou mauve, et sur les sweat-shirts s'affichent leurs héroïnes préférées telles Barbie ou Candy. Les marques sont omniprésentes, leurs logos sont apposés partout, ils deviennent tellement célèbres que les enfants n'achètent plus un tee-shirt ou des baskets mais un Nike ou des Adidas. Pour les moins fortunés, un marché parallèle de produits de contrefaçon se développe. L'italien Benetton, toujours précurseur, comprend immédiatement l'importance de cette nouvelle clientèle junior et il décide de la cibler. Il charge le photographe Oliviero Toscani de photographier un groupe d'enfants de différentes origines ethniques qui portent joyeusement des vêtements colorés, puis ce seront deux petits Africains qui s'embrassent avec sur leurs joues et leurs cheveux deux drapeaux américains et soviétiques. Au-dessus d'eux, le slogan claque : « United Colors of Benetton ». Benetton transforme sa campagne publicitaire en message d'unification politico-raciale, un incontestable coup de maître face à des enfants qui ont désormais une conscience sociale.

NOS HÉROS

Mickey, les Schtroumpfs, Ulysse 31… pour se glisser dans la peau de ses héros, rien de mieux qu'un sweat-shirt à leur effigie !

En 1985, alors que la guerre froide bat son plein, le photographe Oliviero Toscani nous offre l'image d'une réconciliation américano-soviétique sous l'auspice de la marque Benetton…

Rêves de papier glacé

Les top models sont les nouvelles stars de l'époque. La plupart des jeunes filles connaissent leur prénom, se passionnent pour leur vie sentimentale et rêvent de leur ressembler.

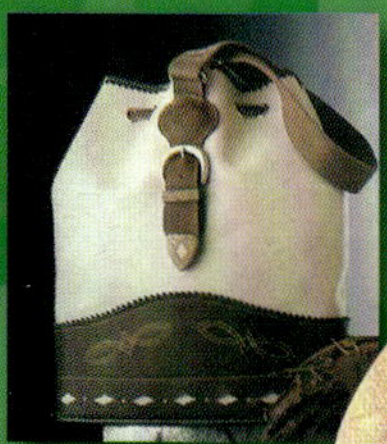

Les actrices et les chanteuses ne sont plus vraiment les sources d'inspiration des adolescentes. Celles-ci ne jurent maintenant que par les top models. Armées de leur seule beauté, Kate Moss, Naomi Campbell, Cindy Crawford, Linda Evangelista, Claudia Schiffer et les autres vont s'imposer comme les nouvelles icônes de toute une génération. Les jeunes filles rêvent de devenir riches et célèbres, sans talent particulier, en se contentant d'entretenir leur corps. Elles sont prêtes à s'affamer et à sombrer dans l'anorexie pour ressembler à leurs idoles et rentrer dans des habits taille 0. On constate pour la première fois l'émergence de top models masculins comme Werner Schreyer ou Albert Delegue dont s'inspirent les garçons. Un autre marché se développe, parallèle à celui des grandes marques sportives, celui des vêtements créés par les grands couturiers. Même les sous-vêtements se griffent, Hugo Boss, Calvin Klein et

LA MODE DES ADOS

NIKE
Un slogan (« Just do it ») connu internationalement et un logo (le « swoosh ») tellement populaire qu'il symbolisera bientôt la marque à lui seul : Nike ou l'art maîtrisé de la communication.

Ralph Lauren… le nom compte plus que le produit lui-même. Les parents laissent leurs ados entièrement libres de leurs choix vestimentaires, mais dans une société où il est de plus en plus difficile de trouver ses marques, les jeunes expriment leur malaise en se rattachant à des tribus. Certains s'habillent en s'inspirant du mouvement hip-hop, d'autres se rattachent aux gothiques, aux grunges, aux skateurs, aux surfeurs ou aux inconditionnels de la techno, et tous vont au bout de leur passion.

CONFISERIES ET BOISSONS

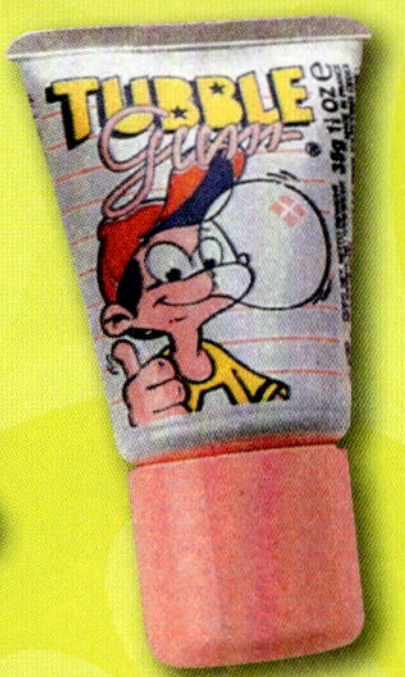

Déséquilibres alimentaires ?

De plus en plus sensibilisés à la diététique, les parents s'alarment du culte de la maigreur chez les jeunes filles et des tentatives de séduction des marques de friandises…

La diététique et l'équilibre alimentaire sont au cœur de toutes les préoccupations des parents. Les bonbons et les barres chocolatées comme toutes les friandises sucrées deviennent les ennemis des adultes. Parallèlement, de nouvelles normes imposent des contrôles d'hygiène chez les vendeurs de confiseries au détail. Pourtant, les cas d'anorexie et de boulimie ne cessent d'augmenter en France. Les jeunes filles, influencées par les tops models, sont obsé-

dées par leur image. Elles s'affament pour atteindre une maigreur qu'elles estiment être le comble de la beauté. D'autres enfants et adolescents souffrent d'une surcharge pondérale importante. Les parents travaillent et rentrent souvent tard à la maison, et devant la télévision, les jeunes se bourrent de friandises, de boissons gazeuses et de chips. À l'école aussi, le grignotage est devenu une habitude. Pendant les récréations, les sachets de chips aux formes ludiques (animaux, fantômes) concurrencent les biscuits en paquets individuels. Les mères, contredisant leurs principes éducatifs, achètent au supermarché des sacs entiers de Carambars, de Malabars ou de Fraises Tagada, tous en promotion, et des pots géants de Nutella. Elles prennent aussi des céréales dont les marques se multiplient et se livrent une concurrence sévère à l'aide de spots publicitaires. Et quand les parents veulent faire plaisir à leurs enfants, ils les emmènent manger leur repas préféré chez Mac Donald ou chez Quick.

Succès immédiat auprès des enfants pour les « Monster Munch », des snacks en forme de fantômes que l'on dévore à n'importe quelle heure de la journée.

LES JEUX OLYMPIQUES

Ci-dessus : la Française Perrine Pelen, deux fois médaillée à Sarajevo. Ci-contre : les patineurs britanniques Jayne Torvill et Christopher Dean, médaillés d'or lors des mêmes jeux.

À Calgary, la patineuse Katarina Witt charme le public et le jury avec son interprétation de Carmen : quatre ans après sarajevo, elle est à nouveau sacrée championne olympique.

Les jeux d'hiver...

Sarajevo (1984), Calgary (1988)

À Sarajevo (1984), les patineurs artistiques éblouissent le public. Le couple d'anglais Jayne Torvill et Christopher Dean méritent bien leur première place, mais leur succès est presque éclipsé par la performance de la ravissante Allemande de l'Est Katarina Witt. Karine Enke (RFA) remporte les 500, 1000 et 1500 m et arrive seconde au 3000 m en ski de fond ! Quant au champion Nikolaï Zimiatov, il gagne sa quatrième médaille d'or de ski nordique. La France ne remporte qu'une médaille d'argent et deux de bronze grâce à Perrine Pelen et Didier Bouvet. Le Canada est chargé d'organiser les jeux de 1988. Deux nouvelles épreuves sont intégrées à celles du ski alpin : le Combiné et le Super Géant. C'est dans cette dernière spécificité que Franck Picard offre à la France ses deux seules récompenses. Le sauteur finlandais Matti Nykänen monte trois fois au sommet du podium et « la Bomba », le skieur italien Alberto Tomba, repart avec deux médailles d'or en slalom et slalom géant.

Les jeux d'été...

Los Angeles (1984), Séoul (1988)

En réponse au boycott de Moscou en 1980, l'Union soviétique s'abstient de se rendre à Los Angeles en 1984. Ses pays satellites suivent son exemple, sauf la Roumanie qui refuse de se plier aux consignes. La Chine, quant à elle, décide de participer aux Jeux et ses athlètes remportent 32 médailles. Les États-Unis vont totaliser 83 trophées et la France s'enorgueillit de ses 28 récompenses dont sept gagnées en une seule journée grâce notamment aux perchistes Pierre Quinon et Thierry Vigneron. L'Américain Carl Lewis triomphe en remportant le 100, le 200 et le 4 x 100 mètres ainsi que le saut en longueur ! La Marocaine Nawal El-Moutawakil devient la première femme d'Afrique du Nord à monter sur le podium grâce au 400 m haies. Quatre ans plus tard à Séoul, Carl Lewis doit s'incliner face au Canadien Ben Johnson et à son exceptionnelle performance. Mais le champion accusé de dopage se voit déchu de son titre ! La coureuse Florence Griffith-Joyner remporte trois médailles d'or. La France ne gagne que 16 récompenses et l'Union soviétique triomphe avec 55 titres olympiques et 132 médailles.

Ci-dessus : l'athlète américain Carl Lewis (à gauche), quadruple champion olympique à Los Angeles, et son compatriote, le nageur Matt Biondi, qui décroche sept médailles à Séoul.

À Séoul, l'Est-Allemande Kristin Otto devient la première nageuse à remporter six médailles d'or en natation lors d'une même olympiade.

Coupe du monde 1982

Espagne

Sous le soleil de Séville, les Français arrivent en demi-finale et se retrouvent face aux Allemands de l'Ouest. À l'issue du match, les équipes sont à égalité 1 à 1. Les Bleus mènent les prolongations par 3-1, mais les Allemands combatifs parviennent à égaliser avant de remporter le match aux tirs au but. Confrontés aux Italiens de la Squadra Azzurra, ils se font mener dès le début de la rencontre et perdent par 3-1. L'Italie s'aligne sur le Brésil en remportant trois Coupes du monde.

Ci-dessus : le Français Patrick Battiston après son agression par le gardien allemand Toni Schumacher, en demi-finale. Ci-contre : les joueurs italiens brandissent le trophée de la Coupe du monde après leur victoire contre la RFA.

Le Français Jean Tigana (à droite) face au Brésilien Alemão (à gauche) lors des quarts de finale de la Coupe du monde de 1986. La France l'emporte aux tirs au but sur le score de 4-3.

Coupe du monde 1986

Ci-dessus : Diego Maradona lors du match de quart de finale contre l'Angleterre qui s'impose sur le score de 1-0.

Mexique

Pour la seconde fois, le Mexique organise une Coupe du monde malgré le tremblement de terre qui a secoué le pays l'année précédente. Les Bleus semblent au mieux de leur forme, mais une fois de plus ils échouent en demi-finale face à la RFA qui n'a pourtant pas brillé jusqu'ici dans la compétition. Ainsi, il n'est pas vraiment étonnant que l'Allemagne de l'Ouest perde en finale contre l'Argentine et l'extraordinaire Diego Armando Maradona, sacré meilleur joueur de l'année et autoproclamé meilleur joueur de la planète !

LE SPORT AUTO ET LE CYCLISME

Le sport automobile

Dans les années 1980, Alain Prost associe son nom à l'histoire de la Formule 1.

Après avoir hésité entre le football et le sport automobile, Alain Prost opte finalement pour les courses de voitures. Il brûle les étapes et à 26 ans, il remporte en 1981 à Dijon son premier Grand Prix. En 1984, il rejoint l'équipe McLaren qui est devenue la meilleure écurie de F1. Prost partage les victoires avec son principal concurrent l'Autrichien Niki Lauda. En 1988, McLaren abandonne Porche pour s'associer avec Honda. Le pilote brésilien Ayrton Senna intègre l'équipe. Prost et lui remportent 15 des 16 épreuves de la saison. Le Français totalisera pas moins de 50 victoires au cours de sa carrière.

Ci-dessus : le pilote brésilien Ayrton Senna.

Au cours des années 1980, Alain Prost décroche à trois reprises le titre de champion du monde : en 1985, 1986 et 1989.

Le cyclisme

À partir du milieu des années 1980, avec Greg LeMond, le Tour de France prend un accent américain.

En 1985, en l'absence de Laurent Fignon, vainqueur des deux derniers Tour de France, Bernard Hinault monte sur la plus haute marche du podium. Hinault, surnommé « le Blaireau », peut s'enorgueillir de remporter ainsi pour la cinquième fois la prestigieuse course. Fort de ces succès, il espère endosser le maillot jaune l'année suivante. Mais contre toute attente, c'est l'Américain Greg LeMond qui le coiffe au poteau. Pour la première fois, un coureur d'outre-Atlantique gagne le Tour de France. LeMond battra deux ans plus tard Fignon après un fantastique contre-la-montre sur les Champs-Élysées, il devancera son adversaire de 8 secondes ! En 1990, il arrive de nouveau premier de la célèbre compétition pour la troisième et dernière fois.

Ci-dessus de haut en bas : Greg LeMond en 1989, lors de sa deuxième victoire sur la Grande Boucle. Le Tour de France 1990 dans les Pyrénées. Bernard Hinault (en maillot jaune) en 1985, lors de sa dernière participation victorieuse à un Tour de France.

Ci-contre à gauche : Laurent Fignon en 1983, lors de sa première victoire au Tour de France.

Le tennis

Ci-dessus : Yannick Noah en 1983, à l'issue de son match victorieux contre Mats Wilander en finale de Roland-Garros. Ci-contre : Ivan Lendl après sa victoire à l'Open de Monte-Carlo, en 1988.

Après le départ en retraite prématuré de Björn Borg, en 1983, son compatriote Mats Wilander défend les couleurs de la Suède sur les tournois internationaux.

L'époque des célèbres colères de John McEnroe semble bien révolue, le début des années 1980 est marqué par le fair-play d'un jeune Suédois, Mats Wilander. Entre 1982 et 1988, il remporte sept titres du Grand Chelem dont trois à Roland-Garros. En 1983, il rencontre en finale Yannick Noah et doit s'incliner face au Français, qui devient un véritable héros national. Le Tchécoslovaque Yvan Lendl (il se fera naturaliser américain) remporte huit titres du Grand Chelem. Mais un nouveau champion fait son apparition et va rapidement dominer le tennis mondial : l'Allemand Boris Becker, surnommé « Boum-Boum » en raison de sa puissance de frappe. Du côté des femmes, une Allemande âgée d'à peine 14 ans se fait remarquer pour la première fois, elle se nomme Steffi Graf et dominera pendant 15 ans le tennis féminin.

Le Suédois Mats Wilander à Roland Garros, en 1982. Il remporte cette année-là à Paris la première de ses sept victoires en Grand Chelem en battant l'Argentin Guillermo Vilas.

LE TENNIS ET LE BASKET

Ci-contre : en intégrant, en 1985, la célèbre équipe des Harlem Globetrotters et en participant à ses tournées de par le monde, l'Américaine Lynette Woodward a contribué à populariser le basket-ball féminin.

Le meneur des Lakers de Los Angeles, Magic Johnson : l'une des légendes du basket-ball américain.

Le basket

Dans les années 1980, grâce au talent et au charisme de joueurs comme Magic Johnson et Michael Jordan, les ados français se prennent de passion pour le basket-ball.

Malgré de grandes équipes françaises comme le CSP de Limoges, ou les fameuses exhibitions des Harlem Globetrotters, il faut attendre l'arrivée les stars américaines tels Magic Johnson ou Michael Jordan pour faire découvrir aux adolescents français un sport qui va rapidement devenir culte. Désormais, sur les murs des chambres et dans le cœur de milliers de garçons s'affichent et résonnent les noms des Lakers de Los Angeles, des Celtics de Boston, des Bulls de Chicago ou des Rockets de Houston.

Adapté d'une émission américaine présentée par Jerry Lewis, le premier Téléthon fait son apparition à la télévision française en décembre 1987. Il bénéficie dès sa première édition d'un large soutien populaire et récolte plus de 180 millions de francs en promesses de dons.

Après la disparition de Coluche, quelques artistes se réunissent pour soutenir les Restos du Cœur et entretenir l'attention des médias. La tournée des Enfoirés deviendra un rendez-vous annuel à partir de 1992.

PREMIERS ÉLANS, PREMIÈRES RÉVOLTES, PREMIERS ÉMOIS

La lutte contre le racisme continue de mobiliser les jeunes. Chaque année jusqu'au début des années 1990, ils sont plusieurs centaines de milliers à se presser aux concerts organisés à Paris par l'association SOS Racisme.

Bhopal en 1984, Tchernobyl en 1986, l'Exxon Valdez en 1989… Exposés aux images de grandes catastrophes écologiques, les jeunes prennent peu à peu conscience du danger que l'homme fait peser sur son environnement.

En 1987, dans le cadre de sa première tournée mondiale, la madonne fait une halte au Parc de Sceaux. De ce grand moment musical, l'histoire retiendra qu'elle jeta sa petite culotte dans le public…

Après la Vénus sortant de l'onde, Pamela Anderson courant au ralenti sur la plage dans Alerte à Malibu. À chaque époque son idéal féminin…

Au début des années 1990, une campagne d'affichage tente de tempérer les ardeurs adolescentes en rappelant quelques règles élémentaires de séduction.

Le conte de fées hollywoodien du début des années 1990 se nomme Pretty Woman : un riche homme d'affaires rencontre une jeune prostituée et c'est le début d'une grande histoire d'amour comme en raffolent les ados (même s'ils s'en défendent).

Des jeunes filles qui s'affament pour leur ressembler et des jeunes hommes qui rêvent d'être footballeurs pour pouvoir les prendre en stop dans leur grosse voiture : dans les années 1990, les top models font marcher à plein régime la machine à fantasmes…

LA MUSIQUE DES ENFANTS

La fée au bûcher

Après sa prestation lors de l'émission « Le jeu de la vérité », Chantal Goya tombe en disgrâce. Mais d'autres chanteuses ne tardent pas à revendiquer son trône…

À l'automne 1984, le nouveau spectacle de Chantal Goya, *Le Mystérieux Voyage de Marie-Rose*, mobilise des moyens sans précédent et 1,5 million de spectateurs répondent présent. Quelques mois plus tard, dans l'émission « Le jeu de la vérité » de Patrick Sabatier, la chanteuse se ridiculise devant la France entière. En une soirée, Chantal Goya a ruiné sa carrière. Elle n'arrivera jamais à s'en relever. Les enfants se tournent vers de nouvelles icônes : les animatrices des émissions pour la jeunesse. Douchka, Anne et Dorothée attirent les jeunes téléspectateurs et remplissent les salles de spectacles en interprétant les chansons qu'elles testent préalablement dans leurs programmes. Dorothée à elle seule enregistre des scores à faire pâlir les vedettes du *Top 50*, atteignant même avec ses albums de *Hou ! la menteuse* 3 millions de disques vendus en une année. Quant à la jeune Douchka, elle passe un contrat avec la société Disney et enchaîne les succès comme *Mickey, Donald et moi*, *Élémentaire mon cher Baloo* ou *La Chanson de Zorro*. Après avoir enregistré les classiques de Walt Disney, Douchka, qui a grandi, se lasse de son rôle de lolita. La firme Disney lui cherche une remplaçante. Elle choisit cette fois-ci non pas une débutante mais la très expérimentée Anne Meson-Poliakoff qui, du haut de ses 14 ans, est déjà célèbre grâce à son interprétation de la comédie musicale de Philippe Chatel, *Émilie Jolie*.

En 1982, avec la chanson « Hou ! La menteuse », Dorothée s'installe pour neuf semaines en tête des meilleures ventes de 45 tours en France.

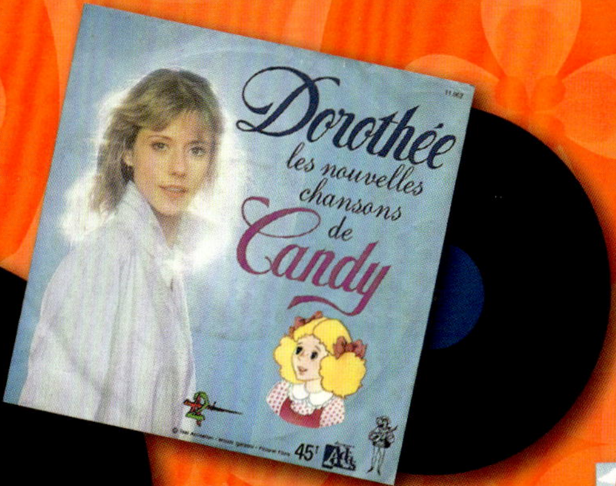

AU BAL !

Des costumes colorés, des airs entraînants et une bonne humeur communicative : la Compagnie Créole fait danser petits et grands tout au long des années 1980.

Prêt-à-chanter

Au début des années 1990, les maisons de disques composent de toutes pièces des groupes de chanteurs-bellâtres, les « boys bands », qui envoûtent les jeunes adolescentes...

Un nouveau phénomène déferle sur le marché du disque, celui des *boys bands*. Le concept consiste à former un groupe musical de garçons à partir d'un casting. Le premier, le groupe américain New Kids on the Block, surprend par sa fraîcheur et ouvre la voie à beaucoup d'autres comme Take That, East 17, Worlds Apart, 3T, Boy-zone, MN8 et autres Backstreet Boys. Il faudra attendre le milieu des années 1990 pour que les Français reprennent le principe avec les charismatiques 2 Be 3, les G-Squad ou encore le

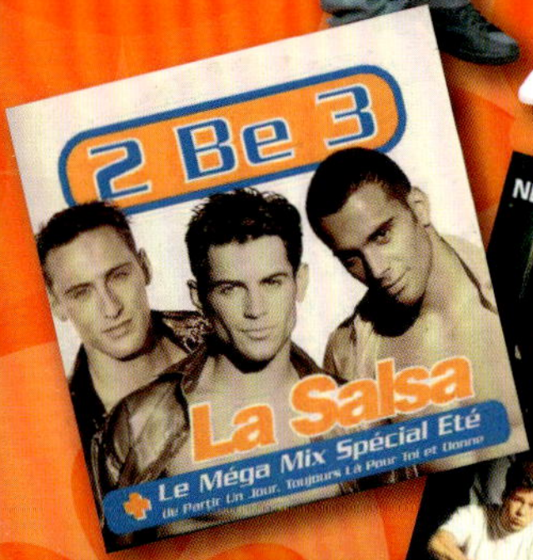

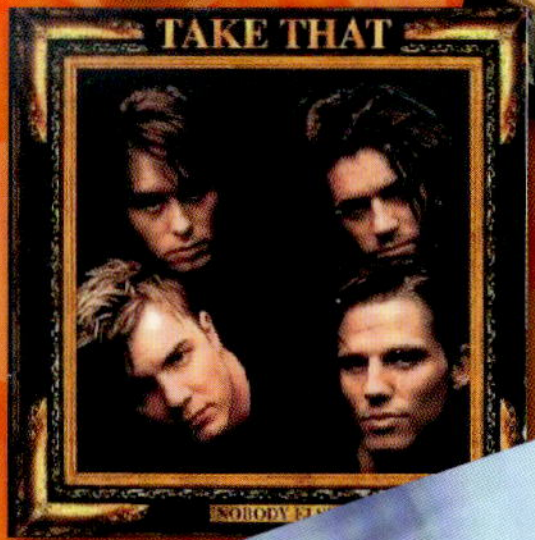

***Pourquoi tant de haine**, le premier album de Ministère A.M.E.R., fait scandale : Charles Pasqua, alors ministre de l'Intérieur, demandera même qu'il soit retiré de la vente. En vain.*

LA MUSIQUE DES ADOS

RATTLE & HUM
Après l'immense succès de *The Joshua Tree*, U2 revient en 1988 avec un disque et un film : *Rattle and Hum*.

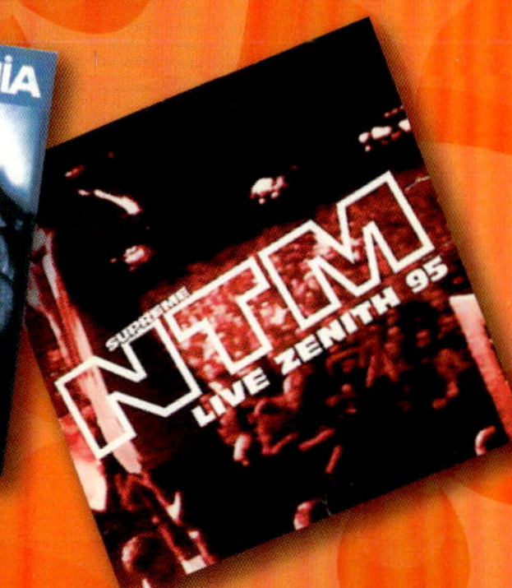

groupe Alliage. Les *boys bands* font chavirer le cœur des filles qui constituent leur principal public, mais ils sont profondément méprisés par des adolescents indignés par l'état d'esprit du show-business. Un grand nombre d'entre eux se tournent vers le rap dont la tendance « dure » est représentée par NTM (pour Nique ta mère). Le groupe de JoeyStarr et Kool Shen se fait l'écho, à partir de 1991, de l'esprit de révolte des jeunes de banlieue. À leurs côtés évoluent d'autres rappeurs tels les Marseillais d'IAM et Ministère A.M.E.R. (avec Passi, Stomy Bugsy et Doc Gynéco) tandis que MC Solaar surprend par son sens de la mélodie et ses textes ciselés.

LA PRESSE POUR ENFANTS

Le vent du changement

Les journaux traditionnels ne parviennent plus à séduire. De nouveaux titres à vocation « éducative » leur disputent à présent les faveurs des enfants.

Les jeunes générations semblent hermétiques aux attraits de la presse traditionnelle et les effets s'en font ressentir rapidement. *Pif Gadget* laisse sa place au *Nouveau Pif* avant de péricliter totalement. *Le Journal de Tintin,* pourtant une véritable institution, essaie en vain de rebondir en changeant plusieurs fois de formule et jette définitivement l'éponge en 1988. Seuls rescapés, *Spirou* et le *Journal de Mickey* s'imposent toujours. Le second se double d'ailleurs d'un frère jumeau, *Donald Magazine,* en tous points semblable. Malgré une immense permissivité à l'égard de leurs enfants, les parents tentent d'influencer leurs choix en leur proposant des journaux « éducatifs ». Trois éditeurs se partagent le marché : les deux groupes de presse catholiques, Bayard et Fleurus, et le toulousain Milan. *Okapi,* chez Bayard, propose des dossiers détachables au centre du magazine. *Astrapi* est lui dirigé par Jean-Claude Forest, le père de Barbarella ! C'est dans cette même maison d'édition que paraît *Je bouquine,* dont le but est d'inciter les préados à lire. Fleurus reprend *Fripounet*, le transforme en *Info Junior* et lance *Mag'jeune*. Le groupe catholique essaie d'étendre son lectorat en touchant les jeunes engagés spirituellement avec *Turbule,* et les fans de culture hip-hop et multiculturalisme avec *Triolo*. Quant à Milan, il cible les enfants avec des magazines qui correspondent exactement à leur âge. Tous les deux ans, les jeunes lecteurs peuvent passer à un autre titre, au niveau de lecture plus élevé, en lisant *Toboggan, Mikado, Toupie* ou *Diabolo*.

PIF GADGET
En avril 1982, confronté à une érosion de son lectorat, le célèbre *Pif Gadget* change de nom. « Le Nouveau Pif et son gadget » propose désormais une histoire complète de 24 pages en cahier central.

Le retour des super-héros

Le succès de Batman dans les années 1980 ouvre la voie à un retour en force des comics dans les lectures des ados.

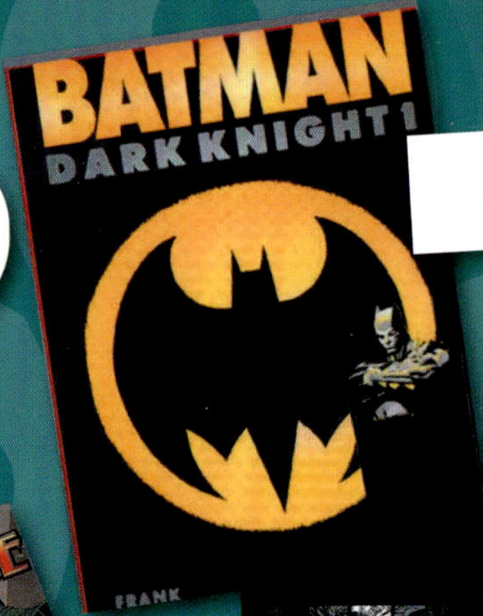

En 1986, *Dark Knight* (*Le Chevalier noir*) de Frank Miller est publié en France et provoque le même engouement qu'outre-Atlantique. Sombre et désabusé, Batman bascule dans le crime et se heurte à Superman. Fort de ce succès, DC Comics diffuse *Watchmen* (*Les Gardiens*), la série d'Alan Moore et Dave Gibbons, traitée sous un mode réaliste et qui est considérée comme l'un des meilleurs comics jamais parus. En 1987, Miller laisse sa place à Mike W. Barr et au dessinateur Todd McFarlane qui livrent un récit de Batman où les protagonistes n'utilisent pas d'armes à

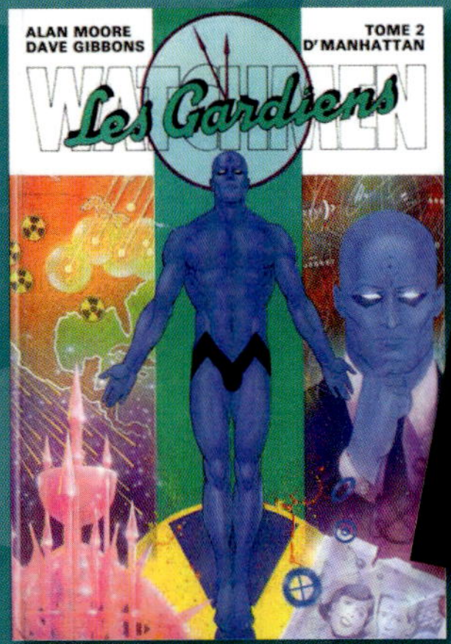

LES ALBUMS DE BD

NIKOPOL

Entre 1980 et 1993, Enki Bilal publie La Trilogie *Nikopol,* qui ouvre de nouvelles perspectives à la bande dessinée : *La Foire aux Immortels, La Femme Piège* et *Froid Équateur.*

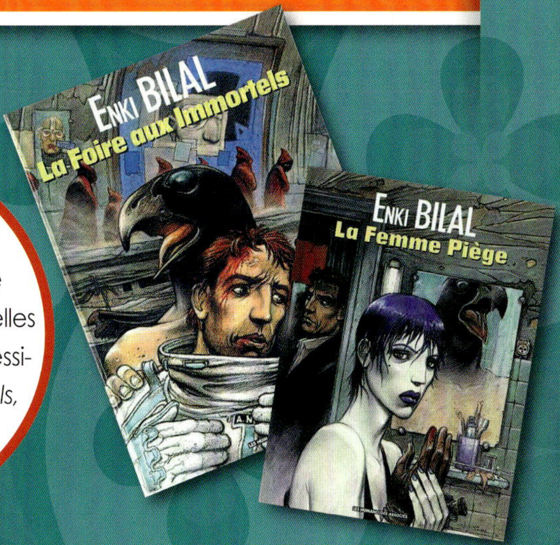

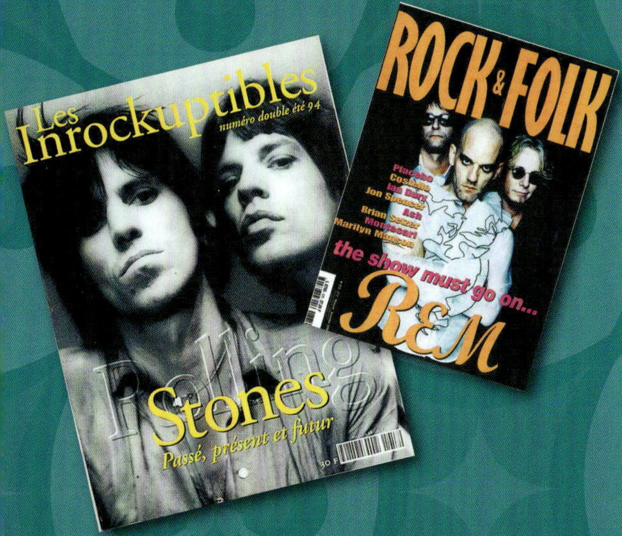

feu. Alan Moore et Brian Bolland prennent la suite avec l'homme chauve-souris dans *The Killing Joke* (*Souriez*). Quant à l'écurie Marvel comprenant *Strange, Titan* ou *Nova,* après avoir été publiée par les éditions Lug, elle est rachetée par le groupe scandinave Semic. Parallèlement à cette passion pour les comics, les adolescents s'arrachent les magazines musicaux. *Rock & Folk* ne fait plus recette et tente de retrouver ses lecteurs, il lui faudra plusieurs années et l'arrivée de Philippe Manœuvre pour y parvenir. Entre-temps est né *Les Inrockuptibles,* un simple fanzine, qui devient en quelques années la revue indispensable de tous les « branchés » français.

LES LIVRES POUR ENFANTS

Des lectures passées au crible

Après avoir fait les riches heures de Hachette et de GP, les collections phares des années 1960 se retrouvent sous le feu des critiques. Il faut se renouveler… ou périr !

Après Mai 68, une partie de l'intelligentsia et des enseignants mène une campagne de dénigrement contre les livres des populaires collections Bibliothèque rose et Bibliothèque verte de chez Hachette, ou de la Spirale, de la Dauphine et de la Souveraine Rouge et Or de chez GP. Les critiques finissent par porter et, au cours des années 1980, les enfants se détournent de ces lectures. Hachette tente de réagir en lançant la suite du *Club des Cinq*, écrite par Claude Voilier et Evelyne L'Allemand. Quant aux éditions GP, elles sont rachetées en 1980 par Les Presses de la Cité et les collections disparaissent. Hachette base une grande partie de sa production sur les novellisations des séries télévisées et s'adapte aux nouveaux programmes en publiant des dessins animés japonais tels Candy et Goldorak. La plupart des livres sont signés Bob Robert, un pseudonyme qui cache très souvent le facétieux Georges Chaulet dont la *Fantômette* est l'une des seules rescapées des séries des années 1960.

Dans les autres maisons d'édition, on constate une intellectualisation des collections. Folio Junior (Gallimard) adapte sa police de caractères à l'âge de ses lecteurs : très gros pour les plus jeunes, puis les lettres rapetissent au fur et à mesure que l'enfant grandit. L'École des loisirs, avec ses couvertures sévères, soigne les textes de ses ouvrages. Elle publie de véritables petits chefs-d'œuvre de style et de syntaxe. Heureusement, Claude Ponti et son univers poétique apportent à la collection sa part de rêve.

En 1976, L'École des Loisirs publie les aventures poétiques de Hulul, le hibou solitaire né de l'imagination de l'Américain Arnold Lobel, l'un des maîtres de la littérature pour enfants.

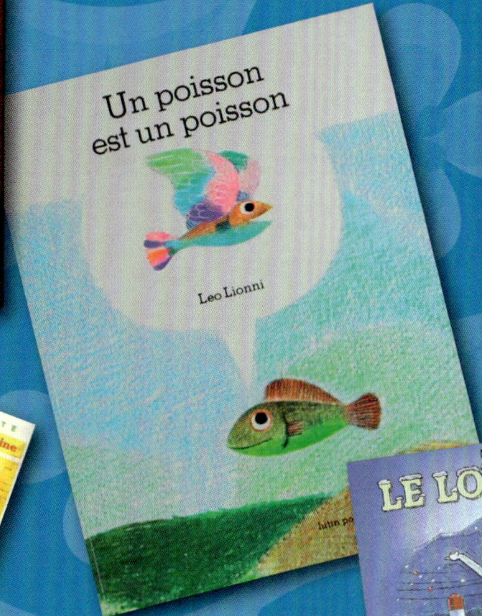

LE PETIT NICOLAS

Plus de vingt ans après sa naissance, en 1959, *Le Petit Nicolas* n'a pas beaucoup grandi mais il continue à ravir petits et grands…

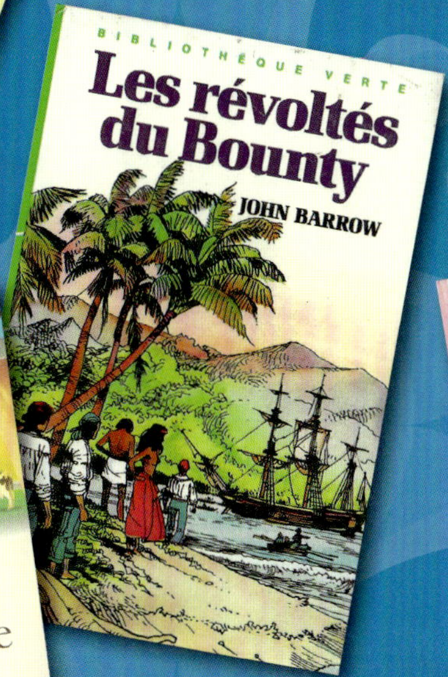

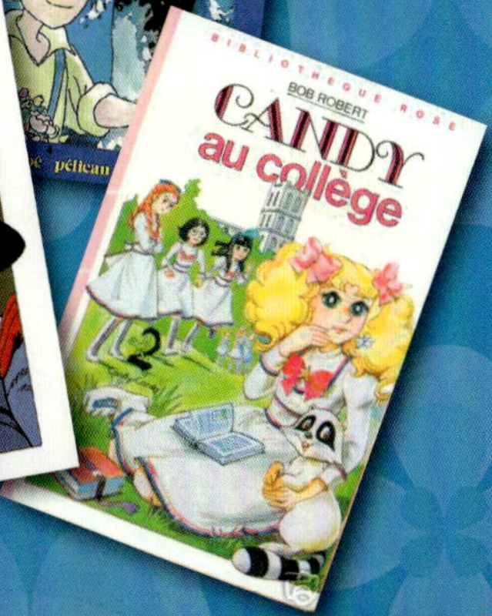

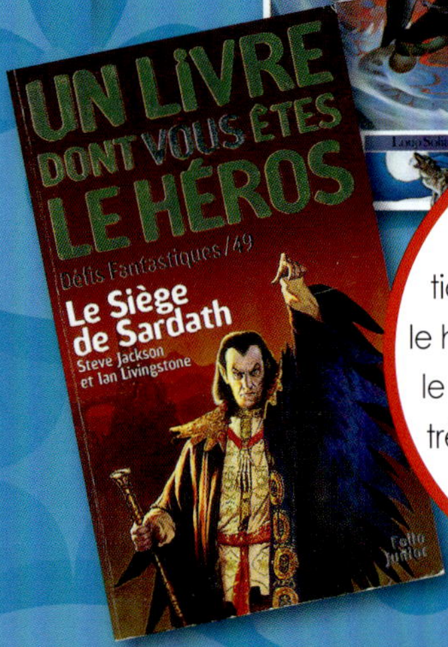

Retour au livre ?

Face à la concurrence des autres formes de loisirs, éditeurs et enseignants se mobilisent pour tenter de redonner aux ados le goût de la lecture.

LIVRE-JEUX

En lançant sa collection « Un livre dont vous êtes le héros », Gallimard a parié sur le succès des livres-jeux, déjà très populaires dans les pays anglo-saxons. Pari réussi !

Les maisons d'édition ont du mal à contrer des concurrents comme la télévision ou les jeux vidéo, et malgré des infrastructures et un niveau d'enseignement élevés, la plupart des adolescents semblent réfractaires à la lecture. Les seuls livres qui les attirent sont les fameux mangas japonais aux dialogues souvent réduits à quelques onomatopées comme dans *Dragon Ball Z*. Les éditeurs ciblent alors une nouvelle catégorie de jeunes, les pré-ados. Guidés par les professeurs, ils découvrent Roald Dahl et les autres auteurs de Folio Junior de chez Gallimard. Bayard lance alors une collection à l'univers angoissant et étrange, judicieusement nommée « Chair de poule ». Le succès est immense. Hachette publie une série de récits tout aussi effrayants, allant de *Frankenstein* de Mary Shelley à *Terreur noire* de Steven Charles. Les plus âgés s'emparent d'un genre jusqu'ici réservé aux adultes,

l'heroic fantasy, et redécouvrent J.R.R. Tolkien, ses contemporains, mais également des auteurs actuels. Gallimard, s'inspirant d'un concept américain, lance « Un livre dont vous êtes le héros », où le lecteur intervient et navigue dans l'ouvrage suivant ses choix et son habilité. Mais ce sont surtout les garçons qui s'intéressent à ce type de publications, les filles choisissent des livres rédigés spécialement pour elles, souvent sentimentaux et malheureusement assez insipides. Mais des auteurs engagés telle Gudule n'hésitent pas à leur parler des vrais problèmes, du sida, du port du préservatif et surtout des tourments d'être une adolescente dans une société difficile.

Les Patrouilleurs de l'an 4003, ***l'une des trois séries de Philippe Ebly parues dans la Bibliothèque verte, est une saga de science-fiction composée de cinq romans publiés entre 1984 et 1986.***

LE CINÉMA ET LES ENFANTS

Astérix à l'écran !

Moins de dix ans après sa première apparition sur grand écran, l'intrépide Gaulois revient défier la suprématie de Disney dans *Astérix et la Surprise de César*.

À la télévision, les programmes pour la jeunesse se multiplient. Les enfants peuvent désormais passer des heures devant les dessins animés sans sortir de chez eux. Pourtant, le cinéma conserve sa force d'attraction, surtout en cette période de fin des années 1970 où les productions sont nombreuses et variées. En 1976, les pères d'Astérix sortent leur seconde et dernière adaptation d'Astérix : *Les Douze Travaux d'Astérix*. Après ça, d'autres se chargeront de donner vie à l'intrépide Gaulois : les frères Paul et Gaëtan Brizzi en 1985 avec *Astérix et la Surprise de César*, puis Pino Van Lamsweerde l'année suivante avec *Astérix chez les Bretons*.

Pendant ce temps, dans un gros village californien… les Studios Disney portent à l'écran les exploits de deux souris voyageuses dans *Les Aventures de Bernard et Bianca* (1977). L'année suivante, ils livrent *Peter et Elliott le Dragon* (1978), qui s'inscrit dans la même veine que l'attachante *Mary Poppins* en mêlant dessins animés et images réelles. Trois ans plus tard, retour à l'animation pure avec *Rox et Rouky*, le renard et le petit chien que tout doit opposer mais que lie une amitié indestructible. Rien ne semble pouvoir arrêter la « machine à rêves » Disney. Et pourtant… au milieu des années 1980, la belle mécanique se grippe : *Taram et le chaudron magique* (1985) déroute son public par son atmosphère crépusculaire. Et les studios doivent faire face à la concurrence de trois dissidents : Don Bluth, Gary Goldman et John Pomeroy, partis ailleurs pour créer *Brisby et le secret de Nimh* (1982), une histoire dont les héros sont… des souris ! Mickey, ressaisis-toi !

Bernard et Bianca sont partis secourir la jeune Penny, une orpheline kidnappée par l'infâme Médusa…

S.O.S FANTÔMES

Un film de fantômes qui fait rire ? C'est *S.O.S. Fantômes,* avec Bill Murray dans le rôle de l'un des quatre « experts » chargés d'éliminer le dieu malveillant Gozer.

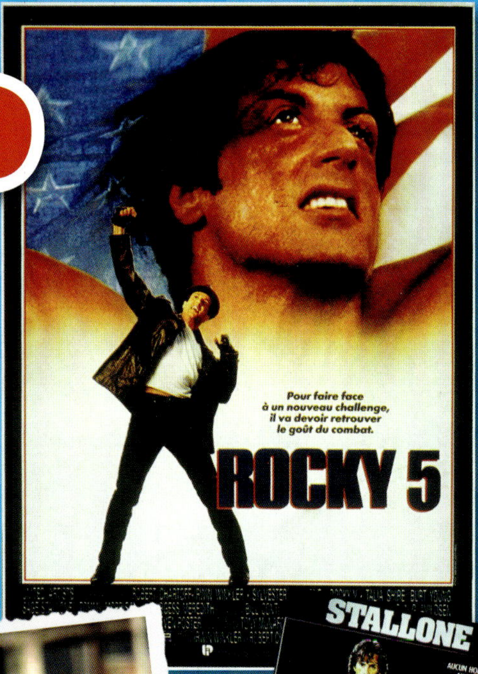

Histoires sans fin

De *Rocky* au *Flic de Beverly Hills*, Hollywood entraîne ses héros dans d'interminables sagas. « *The show must go on* » !

Hollywood reste la Mecque du cinéma d'action. Le soleil californien entretient la santé et la vitalité de ses héros, qui enchaînent les aventures sans se donner le temps de souffler : en 1990, Rocky a déjà tourné cinq films, tandis qu'Indiana Jones et Rambo viennent de boucler leur troisième opus. Mais les trois Yankees se font coiffer au poteau par le plus distingué des agents de sa Majesté : de *Moonraker* (1980) à *Permis de tuer* (1989), James Bond s'invite à six reprises sur les écrans hexagonaux. Pendant ces années Reagan, tout ce qui marche se décline au moins en trilogie : *L'Arme fatale, Le Flic de Beverly Hills, Retour vers le futur*… Il faut toute la fantaisie d'un Tim Burton pour ne donner qu'une seule suite à son *Batman* (1988). Ce sera malgré tout suffisant pour renouveler en profondeur la manière de transposer l'univers des super-héros sur grand écran.

Les ados apprécient ces divertissements et les consomment avec frénésie, mais les films qui les marquent le plus sont d'une autre

LE CINÉMA ET LES ADOS

En 1992, tous les ados se précipitent dans les salles obscures pour voir les jeux de jambes de Sharon Stone dans Basic Instinct, *le plus torride des thrillers de la décennie.*

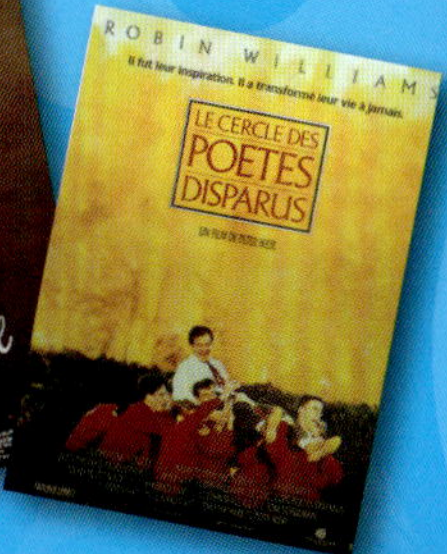

nature. Dans la seconde moitié des années 1980, trois longs-métrages vont rencontrer un écho générationnel : *Le Cercle des poètes disparus* (1989) de Peter Weir, *37°2 le matin* (1986) de Jean-Jacques Beineix et *Le Grand Bleu* (1988) de Luc Besson. Trois films cultes, trois fins tragiques : l'étudiant Neil Perry (Robert Sean Leonard) se suicide pour ne pas avoir à renoncer à sa passion pour le théâtre, Betty (Béatrice Dalle) sombre dans la folie et Jacques Mayol (Jean-Marc Barr) s'enfonce dans l'océan pour ne plus refaire surface. La génération de la crise économique et du sida aurait-elle un message à faire passer ?

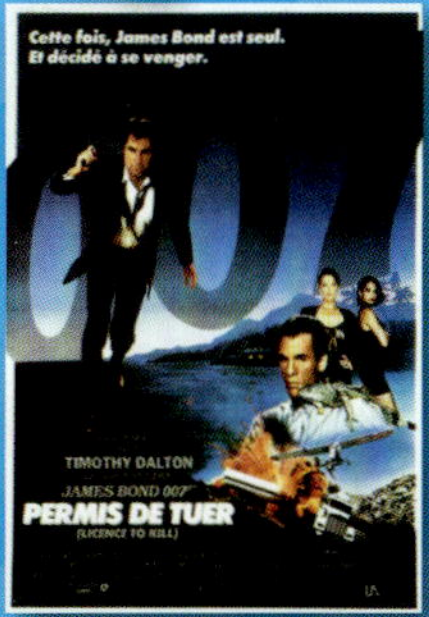

Succédant à Roger Moore à la fin des années 1980, Timothy Dalton incarne le plus célèbre des agents de Sa Majesté dans deux nouvelles aventures de James Bond : Tuer n'est pas jouer *et* Permis de tuer.

LA TÉLÉ ET LES ENFANTS

Une récré survoltée

Chaque mercredi après-midi, avec *Récré A2*, les enfants dansent, chantent et rient tout en dévorant des dessins animés dont ils connaissent les génériques par cœur.

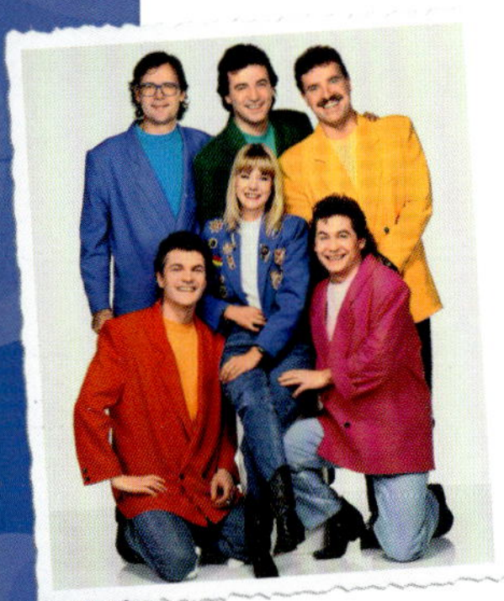

La nouvelle émission jeunesse lancée par la deuxième chaîne en 1978 rafle la mise : conçu par Jacqueline Joubert et animé par Dorothée, *Récré A2* est un festival hypertonique de chants, de danses et de comédies. Au fil des ans, l'animatrice-star s'entoure de toute une équipe (Corbier, Jacky, Cabu, Ariane Gil, Marie Dauphin…) qui enchaîne joyeusement les rubriques : musique, cinéma, lecture et BD. Mais le génie de l'émission est d'avoir su déceler le potentiel de la japanimation. *Goldorak*, la série de Gö Nagaï, se taille… 100 % d'audience ! Du jamais vu. Partout en France, les cours d'école retentissent de « Fulgure au poing ! », tandis que d'autres héros s'engouffrent dans la brèche : *Albator* (1979), *Candy* (1978), *Tom Sawyer* (1980) ou *Capitaine Flam* (1980)…

Les enfants accueillent avec gourmandise toutes les productions *made in Japan*, jusqu'aux séries télé truffées d'effets spéciaux comme *San Ku Kaï*, *Spectreman* ou encore *X-Or*. Pendant la même période, la production hexagonale de dessins animés est incarnée par trois hommes. Albert Barillé crée en 1978 la première série d'une saga qui connaîtra un immense succès : *Il était une fois… l'homme*, diffusée par FR3. De leur côté, Bernard Deyriès et Jean Chalopin s'allient avec les Japonais pour produire deux séries cultes : *Ulysse 31* (1981), qui transpose plusieurs épisodes de la mythologie grecque dans un lointain futur, et *Les Mystérieuses Cités d'or* (1983), dont tous les enfants connaissent bientôt le générique par cœur.

Les jeunes téléspectateurs se passionnent pour les aventures d'Esteban, Zia et Tao, lancés à la recherche des Mystérieuses Cités d'or et de leur père respectif.

MAYA

Curieuse et enjouée, Maya l'abeille est toujours partante pour explorer la forêt en compagnie de son ami Willy.

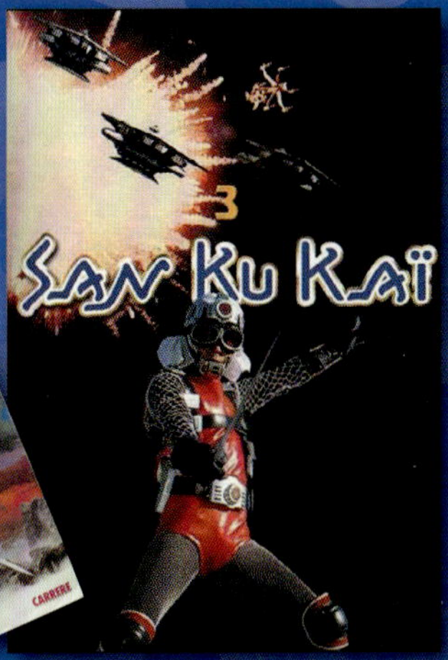

Deux cadors à Miami

Ils incarnent à eux seuls l'esprit des années 1980 : frime, fric et grosses voitures. *Deux Flics à Miami,* une certaine vision du rêve américain…

Fermez les yeux et imaginez deux inspecteurs de police ultra-lookés, roulant en Ferrari Daytona ou en Testarossa dans les rues de Miami sur un air de Joe Cocker. Ce concentré d'années 1980 qui vous prend les narines se nomme *Miami Vice* ou *Deux Flics à Miami* (1986) : le croisement entre une série policière et une succession de vidéo clips façon MTV. La mode est alors aux séries survitaminées avec des justiciers francs-tireurs (*Agence tous risques*) parfois

Un agent secret armé d'un couteau suisse ? C'est MacGyver, bien sûr.

***Ci-contre et ci-dessous :* 21 Jump Street *et* L'Agence tous Risques.**

équipés de véhicules « customisés » (*K 2000, Supercopter*).

C'est aussi l'époque où de nouvelles chaînes viennent bousculer la télé à papa : Canal + est lancé fin 1984, La Cinq et TV6 (future M6) début 1986. Des talk-shows décontractés et impertinents font leur apparition à l'écran : Christophe Dechavanne lance *Ciel mon mardi* (mai 1988), Thierry Ardisson taquine les stars du show-biz dans les boîtes à la mode (*Bains de minuit, Lunettes noires pour nuits blanches*) tandis que Les Nuls font hurler de rire les ados dans *Objectif : nul* (1987), *Le JTN* (1987-1988) ou *Les Nuls L'émission* (1990-1992).

À partir de 1986, Antenne 2 programme *Les Années collège*, une série canadienne qui met en scène un groupe de collégiens et chronique leur évolution de 12 à 17 ans. Cette série ouvre la voie à beaucoup d'autres (*Sauvés par le gong, Beverly Hills…*) et esquisse un phénomène majeur de la fiction télé des années 1990 : des séries spécifiquement conçues pour les adolescents, interprétées par des personnages qui ont leur âge et grandissent avec eux.

LES NULS

Après *Objectif : nul,* Alain Chabat, Dominique Farrugia, Chantal Lauby et Bruno Carette lancent à la rentrée 1987 *Le J. T. N,* le *Journal Télévisé Nul,* aux nombreuses séquences devenues cultes.

LA RADIO

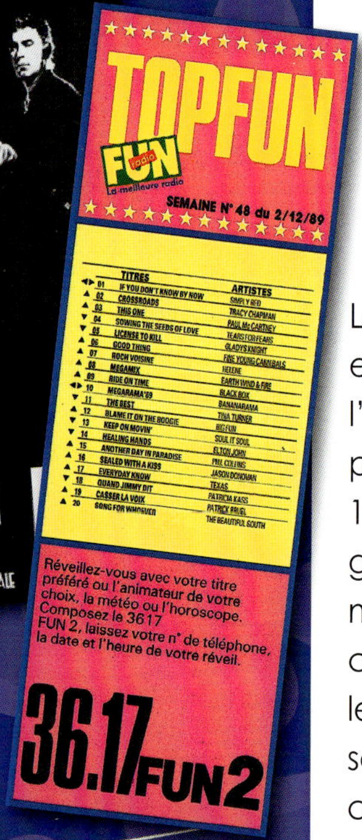

La liberté, mais…

À peine sont-elles autorisées à émettre que les radios libres sont confrontées à une nouvelle difficulté : trouver les financements pour pouvoir continuer…

Le 9 novembre 1981, les radios libres entrent enfin dans la légalité. Conséquence directe : l'espace hertzien est très rapidement saturé par l'éclosion de centaines de stations. En 1982, on en recense 2000 ! Devant le chaos généré par cette prolifération, les autorités mettent en place une Haute Autorité de la communication audiovisuelle qui attribue les fréquences. Mais rapidement, ces radios sont étranglées par des problèmes de financement car la loi de 1981 ne les autorise pas à diffuser des messages publicitaires. Le 1er août 1984, François Mitterrand leur accorde ce droit.

Dès lors, les radios privées vont pouvoir se développer et étendre leur emprise nationale. NRJ est la première à se jeter dans la course. La station créée en 1981 cible le public adolescent qui a chaque jour rendez-vous avec ses animateurs vedettes : Marc Scalia, Dominique Duforest dit Dodo, Mitsou ou encore Serge Repp. C'est aussi l'une des premières à se constituer un réseau de radios franchisées. Le 2 octobre 1985, six stations locales appartenant à ce réseau vont faire sécession et donner naissance à Fun Radio. Dans un premier temps, le nouveau-né peine à trouver ses marques. Ce n'est pas le cas de Skyrock, créée par Pierre Bellanger quelques mois plus tard. La personnalité de ses animateurs couplée aux concepts originaux de ses animations lui valent rapidement une large audience : Géraldine (« 3615 code Géraldine ») prête sa voix à de petites annonces coquines, Arthur et Skyman (« Les Zigotos ») dynamitent le petit déjeuner et Malher (« Bonsoir la planète ») crée la première émission de libre antenne. C'est d'ailleurs un transfuge de Skryrock, l'animateur Arthur, qui permettra à Fun Radio de prendre son envol au début des années 1990…

Marc Scalia (au premier plan), l'un des animateurs emblématiques des débuts de NRJ, présentera pendant dix ans l'émission « Star Match ».

Au micro de NRJ, qu'il rejoint à ses débuts en 1982, Dominique Duforest interviewe les plus grandes stars des années 1980, de Phil Collins à Barry White.

LES SOURCES

Toutes les photographies et illustrations non créditées et non mentionnées ci-dessous proviennent de la collection privée de *La Bande du Drugstore*.

Sources des illustrations :

Sources des illustrations : P.2 : Almanach des PTT 1974 / P.13 : Chambre jaune rouge bleu La Maison de Marie-Claire-Scotto-Puech in Principes de base, chambres d'enfants, éditions Gründ, 1991 / P.13 : couette capitaine Flam p.415 in Catalogue La Redoute Automne-Hiver 82-83 / Chevalet p.991 in La Redoute Automne Hiver 82-83 / Chambre bois p.111 in Catalogue Camif Mobilier 1981 / Chambre fleurs, Jon Bouchier in Principes de base, chambres d'enfants, éditions Gründ, 1991 / Chantal Goya, Mon ami le pélican / Bureau d'enfant p.991 in Catalogue La Redoute Automne-Hiver 82-83 / P.14 : Couette p.395 in Catalogue Camif Hiver 89-90 / Radios p.54 in Le Guide Figaro n°14001 du 1er septembre 1989 / P.15 : Bureau p.318 in Catalogue Camif Hiver 89-90 / P.17 : Pub Michel Oks p21 in Le Journal de Mickey n°1732 Septembre 1985 / Photo de classe collection privée / P.17 : cahier de vacances des Schtroumpfs, s.n., éditions Labor, 1990 / Cartable p.228 in Catalogue Camif Eté 1983 / Jacqueline Buisson, La clé des champs, Armand Colin / Bourrelier, 1982 / Calculatrice p.690 in Catalogue Camif Hiver 89-90 / Cartable p.10 in Le Guide figaro n°14001 du 1er septembre 1989 / Bescherelle La conjugaison, Hatier, 1990 / P.21 : Barbie, Barbie, 40 ans de magie, Marco Tosa, Hors Collection, 1998 / P.21 : Machine à coudre p.902 in La Redoute Automne-Hiver 80-81 / Coffret broderie p.973 in Catalogue La Redoute Automne-Hiver 82-83 / Majorette / Majorette, p.973 in Catalogue La Redoute Automne-Hiver 82-83 / P.22 : Jeux électroniques p.970 in Catalogue 3 Suisses Automne-Hiver 86-87 / Ulysse 31 p.977 in Catalogue La Redoute Automne-Hiver 82-83 / P.25 : Walkman p.766 in Catalogue Camif Hiver 89-90 / MBK p.66 in Le Guide Figaro n°14001 du 1er septembre 1989 / P.27 : Punky Funky Rocky Pub Adidas p.41 in Le Journal de Mickey n°1636 Novembre 1983 / Sweats p.336 in Catalogue La Redoute Automne-Hiver 82-83 / Robe et gilet jacquard p.357 in Catalogue La Redoute Automne-Hiver 82-83 / Mocassin p.391 in Catalogue La Redoute Automne-Hiver 82-83 / Publicité Benetton 1985 / P.28 : Tshirt DiCaprio, p.526 du Catalogue La Redoute Automne/hiver 98/99 / Chaussures p.24 in Le Guide Figaro n°14001 du 1er septembre 1989 / Salopette et chapeau p.37 in Catalogue Camif Printemps-Eté 91 / P.29 : Adidas p.246 in Catalogue Camif Printemps-Eté 91 / Nike t-shirts p.242 in Catalogue Camif Printemps-Eté 91 / Baskets en toile p.22 in Le Guide Figaro n°14001 du 1er septembre 1989 / P.43 : Dorothée, Hou, la menteuse, Adès / Dorothée, Les nouvelles chansons de Candy, Adès / Douchka, Mickey, Donald et moi, ibach / Heidi, Adès / Marie Dauphin, Bibifoc, Adès / 45t RCA, Chantal Goya, Comme Tintin, 1982 / Chantal Goya, Becassine / La Compagnie Créole, Le Bal masqué, Zagora / P.44 : 2Be3, La Salsa / Take That, Nobody Else / Backstreet Boys, Millennium / New kids on the block, Greatest hits / Minister A.M.E.R., Pourquoi tant de haine / P.45 : U2, Rattle and hum / Blur, Parklife / Rage against the machine, Rage against the machine / IAM, Je danse le mia / NTM, Live zénith 95 / Alain Bashung, Osez Joséphine / Noir Désir, Veuillez rendre l'me / P.46 : Je bouquine, n°2 « Un homme à la mer », 1984 / Yvon Mauffret, Un Homme à la mer / Astrapi n°152 du 15-02-1985 / Okapi n°288 / Triolo 1988 / P.47 : Nouveau Pif, n°682 / Diabolo, n°17 / P.48 : Couvertures Strange, Saga men, Watchmen, Les Gardiens, Joe Bar, La quête de l'oiseau temps / P.49 : Enki Bilal, Froid équateur, La Foire aux immortels, La Femme piège, Le Humanoïdes associés / Les Inrockuptibles, été 1994 / P.50 : Bob Robert, Les Secrets de Candy, Hachette / P.51 : Arnold Lobel, Hulul, L'Ecole des Loisirs / Leo Lionni, Un poisson est un poisson, L'Ecole des Loisirs / Michel Gay, Le Loup Noël, L'Ecole des Loisirs / Sempé et Goscinny, Le petit Nicolas, Gallimard/Denoël / Claude Ponti, Adèle s'en mêle, L'Ecole des Loisirs / Caroline Quine, Alice et les diamants, Hachette / Enid Blyton, Surprise au clan des sept, Hachette / Roald Dahl, Charlie et la chocolaterie, Gallimard / John Barrow, Les Révoltés du Bounty, Hachette / Bob Robert, Candy au collège, Hachette / P.54 : Affichette Brisby et le secret de Nihm, Don Bluth, 1982 / P.55 : Peter et Elliott le dragon, Hachette, 1978.

Crédits : P.6 : Coluche © Leonard de Raemy/Sygma/Corbis / Crash Turkish airlines © Rue des Archives/AGIP / Giscard d'Estaing ©Marc Charuel/Rue des Archives / ABBA © Rue des Archives/BCA / Mausolée de l'empereur Quin © Rue des Archives/AGIP / Révolution des œillets © Henri Bureau/Sygma/Corbis / P.7 : Bjorn Borg © Nik Wheeler/Sygma/Corbis / Emmanuelle © Rue des Archives/DILTZ / Paquebot France © Mary Evans/Rue des Archives / Drugstore Publicis © Rue des Archives/AGIP / Démission de Nixon © Rue des Archives/FIA / Mohammed Ali © Bettmann/CORBIS / Simone Veil © Rue des Archives/ AGIP / P.11 : Playmobil ©UA/Rue des Archives / P.13 : Donald et Dingo Champions olympiques © Rue des Archives/RDA / Affiche 37°2 le matin © Rue des Archives/RDA P.14 : Ado révisant © Jennie Woodcock; Reflections Photolibrary/CORBIS / P.15 : Ados dans une chambre © Jennie Woodcock; Reflections Photolibrary/CORBIS / P.16 : sortie d'une école maternelle © Jean-Marc LOUBAT/GAMMA / P.18 : Inscriptions Sorbonne © Bernard Bisson/Sygma/Corbis / Cours d'anglais © Owen Franken/CORBIS / P.24 : Skate © Buddy Mays/Corbis / BMX © Karl Weatherly/CORBIS / Danse classique © David Turnley/Corbis / P.25 : BMX à Bercy © Jean-Marc LOUBAT/GAMMA / Game Boy © Valérie Quentin/Gamma / P.27 : breakdance © Michael Ochs Archives/Gamma / P.28 : Mannequin © Rue des Archives/BCA / P.29 Calvin Klein Sutecliffe/Sipa / Filles grunge Michele Mattei/Corbis Sygma / P.32 : Perrine Pellen © Staff/AFP / Jayne Torvill & Christopher Dean © Staff/AFP / Katarina Witt © Gilbert Iundt; Jean-Yves Ruszniewski/TempSport/Corbis / Bienvenue à Calgary © Gamma / P.33 : Carl Lewis © Leo Mason/Corbis / Matt Blondi © Bill Nation/Sygma/Corbis / Kristin Otto © Dimitri Iundt/TempSport/Corbis / Affiche Séoul © Janet Wishnetsky/CORBIS / P.34 : Affiche coupe du monde Espagne © Rue des Archives/Ital / Battiston blessé © dpa/Corbis / Italie-RFA © ANSA Archive/ANSA/Corbis / P.35 : Jean Tigana © Gerard Rancinan; Pierre Perrin/Sygma/Corbis / Maradona © Jean-Yves Ruszniewski/TempSport/Corbis / Maradona © Rue des Archives/AGIP / P.36 : F1 Marlboro © Jean-Yves Ruszniewski/TempSport/Corbis / Ayrton Senna © Jean-Yves Ruszniewski/TempSport/Corbis / Alain Prost © Jean-Yves Ruszniewski/TempSport/Corbis / © Prost coupe Rue des Archives/AGIP/ P.37 : Greg LeMond © Michel GOUVERNEUR/PHOTONEWS/GAMMA / Tour de France Michel © GOUVERNEUR/PHOTONEWS/GAMMA / Laurent Fignon © Jean-Yves Ruszniewski/TempSport/Corbis / Bernard Hinault peloton © Gilbert Iundt; Jean-Yves Ruszniewski/TempSport/Corbis / P.38 : Noah Wilander © Simon Mignam/Gamma / Yvan Lendl © Rue des Archives/AGIP / Mats Wilander © Rue des Archives/AGIP / P.39 : Magic Johnson © Bettmann/CORBIS / Lynette Woodward © Henry Diltz/Corbis / P.40 : Téléthon © Frederic REGLAIN/GAMMA / Restos du cœur © Rue des Archives/AGIP / SOS racisme Georges MERILLON/GAMMA / Exxon Valdez © Bettmann/CORBIS / P.41 : Madonna © Ross Marino/Sygma/Corbis / Pamela Anderson © Rue des Archives/BCA / Pretty Woman © Rue des Archives/RDA / P.42 : Chantal Goya © Rue des Archives/AGIP / P.43 : Douchka © Rue des Archives/ AGIP / P.44 : 2Be3 © Benainos Duclos/Gamma / P.54 : Affiche Astérix © Rue des Archives/RDA / P.55 : Astérix chez les bretons © Rue des Archives/RDA / Bernard et Bianca © Courtesy Walt Disney Productions/BCA/Rue des Archives / Peter et Elliott le dragon © Courtesy Walt Disney Productions/BCA/Rue des Archives / Taram et le chaudron magique © Rue des Archives/RDA / SOS Fantômes © Rue des Archives/Collection CSFF / P.56 : Rocky 5 © Rue des Archives/RDA / Flic de Beverly Hills © Rue des Archives/BCA / Rambo III © Rue des Archives/BCA / Rambo II © Rue des Archives/RDA / P.57 : Basic Instinct ©Mary Evans/Rue des Archives / Tatie Danielle © Rue des Archives/RDA / Le cercle des poètes disparus © Rue des Archives/RDA / Nikita © Rue des Archives/RDA / Affiche permis de tuer © Rue des Archives/RDA / Permis de tuer © Rue des Archives/BCA / P.58 : Dorothée © Sainlouis/Stills/Gamma / Deux flics à Miami © Rue des Archives/BCA / Agence tous risques © Rue des Archives/BCA / P.60 : MacGyver © Rue des Archives/RDA / 21 Jump streer © Rue des Archives / BCA / P.61 : Les Nuls © Jerome Prebois/Kipa/Corbis / Ardisson © Rue des Archives/PVDE / Dechavanne © Rue des Archives/PVDE / P.63 : Marc Scalia © Pascal ZAHNER/GAMMA / Dominique Duforest ©Philippe Le Tellier/Rue des Archives.

MIXTE
Papier issu de sources responsables
FSC
www.fsc.org
FSC® C003309